NOVENA

San Miguel Arcángel

Por Bernabé Pérez

CORAZÓN
RENOVADO

SAN MIGUEL EN EL CIELO

San Miguel es el comandante de los ejércitos de Dios. Ocupa, junto con Gabriel y Rafael, la más alta jerarquía de los ángeles en el cielo, por eso es llamado arcángel. En su representación más conocida, San Miguel viste una armadura de centurión o general romano, lleva una espada en una mano y en la otra sostiene una balanza.

La espada en San Miguel simboliza la lucha que libró contra Lucifer cuando éste se reveló ante Dios. En las representaciones más conocidas, San Miguel tiene a Lucifer vencido a sus pies y lo amenaza pero no le quita la vida sino que lo destierra junto con los demás "ángeles caídos".

Por otro lado, la balanza se relaciona con el Apocalipsis y el sopesamiento de las almas el día de Juicio Final. De acuerdo con las escrituras, San Miguel tiene por encargo tocar la trompeta cuando inicie el fin del mundo y será quien juzgue el destino de las almas.

San Miguel es el ángel más venerado en la tierra. Hay iglesias bajo su patronazgo en Alemania, Argentina, Austria, Bélgica, Chile, España, Francia, Guatemala, Honduras, Italia, México, Rusia, Suiza, Ucrania. Y se le rinde culto por igual en las religiones judía e islámica que en las iglesias católica, ortodoxa, copta y anglicana.

A San Miguel se le contacta para pedir ayuda y defensa ante los peligros y las amenazas que pueden afectar el espíritu humano. Cuando se habla de enemigo, no se habla de otra persona sino que se refiere a las flaquezas y los vicios en que los humanos podemos perder los pasos. San Miguel es la fuerza extra que todos necesitamos para llegar lejos en la vida y dar lo mejor de nosotros mismos.

UN MILAGRO DE SAN MIGUEL

Sucedió en Francia en el año 2002. Michael, un niño de seis años se había expuesto a una lluvia de principios de invierno. Antes había presentado algunos problemas respiratorios y había sido diagnosticado con asma. La empapada le dio neumonía, que, aunada a su cuadro médico, puso al niño al borde de la muerte.

Mientras Michael ardía en fiebre la madre no quería dormirse y rezaba a San Miguel Arcángel pidiendo ayuda. Al segundo día, el cansancio venció a la madre. En el sueño, la mujer vio un ángel que bajaba, se sentaba al pie de la cama del niño y decía algo a lo que el niño contestaba: "Yo soy valiente".

A la mañana siguiente, la fiebre había desaparecido. El médico constató que la neumonía había cedido y más que eso, las vías respiratorias del niño estaban totalmente desinflamadas, como si nunca hubiera tenido asma.

La madre no supo si creer o no en el milagro hasta que el niño comentó que había sido Miguel quien lo curó. Serás tu mismo, contestó la madre. No, respondió el hijo, "Fue el ángel que vino anoche".

HAGA SU PETICIÓN

Aquí estoy hincado a tus pies. Con la luz de tus quinqués que no tienen comparación alumbra a este humilde feligrés que viene a hacerte esta petición.

Te ruego con todo mi corazón me concedas... (se hace la petición)

Esto es un asunto de interés te suplico tu atención me des. Concédeme lo que te pido en esta ocasión y con tu divina protección me ayudes, para que seas tú siempre mi salvación.

Padre Nuestro, que estás en el cielo, santificado sea tu nombre; venga a nosotros tu reino; hágase tu voluntad, en la tierra como en el cielo. Danos hoy nuestro pan de cada día; perdona nuestras ofensas, como también nosotros perdo-

namos a los que nos ofen-
den; no nos dejes caer en
la tentación, y líbranos del
mal. Amén.

Dios te salve, María,
llena eres de gracia,
el Señor es contigo. Ben-
dita tú eres entre todas las
mujeres, y bendito es el
fruto de tu vientre: Jesús.
Santa María, Madre de
Dios, ruega por nosotros,
pecadores, ahora y en la
hora de nuestra muerte.
Amén.

Gloria al Padre, al Hijo
y al Espíritu Santo.
Como era en el principio,
ahora y siempre, por los
siglos de los siglos. Amén.

ORACIÓN DIARIA

A ti ofrezco, San Miguel, con mis palabras y hechos, los obvios merecimientos para abrigarme en tu techo. Tu espada todo lo corta, tu brazo es fuerte pendón, no hay fuerza que le resista, ni alma sin su gestión. Tu amparo yo solicito como quien busca blindaje, escudo contra los males y de valientes linaje.

PRIMER DÍA

Príncipe de las alturas, de Dios la mano armada, te dedico esta novena en los cielos facturada. Para tu gloria y tu honra, para mi mejor provecho, conceda Dios la licencia, el objetivo y derecho. Que hay en la vida enemigos del alma que Dios nos dio, flaquezas, miedos y vicios del diablo que se posó. Que busco yo que mi alma, cuando se venga el Juicio, entre al reino de los cielos como quien llega al inicio. Por eso busco tu ayuda, para vencer enemigos y subir a las alturas junto a mis seres queridos.

Padre Nuestro, que estás en el cielo, santificado sea tu nombre; venga a nosotros tu reino; hágase tu voluntad, en la tierra como en el cielo. Danos hoy nuestro pan de cada día; perdona nuestras ofensas, como también nosotros perdonamos a los que nos ofenden; no nos dejes caer en la tentación, y líbranos del mal. Amén.

Dios te salve, María, llena eres de gracia, el Señor es contigo. Bendita tú eres entre todas las mujeres, y bendito es el fruto de tu vientre: Jesús. Santa María, Madre de

Dios, ruega por nosotros, pecadores, ahora y en la hora de nuestra muerte. Amén.

Gloria al Padre, al Hijo y al Espíritu Santo. Como era en el principio, ahora y siempre, por los siglos de los siglos. Amén.

SEGUNDO DÍA

Con la venia del Arcángel, con San Miguel de mi lado, ya voy nombrando las metas que me propongo cumplir. Yo le declaro la guerra al miedo anquilosante, que debilita los pasos y no lleva hacia delante. Yo le declaro la guerra a la angustia humana, al nervio sin objetivo enemigo de la calma. Porque para llegar lejos, haré como San Miguel, que en el pecho tuvo temple y en su talento hubo fe. Porque en la vida terrena hay que tener gran valor,

10

con los huesos en su sitio y al frente el corazón.

Padre Nuestro, que estás en el cielo, santificado sea tu nombre; venga a nosotros tu reino; hágase tu voluntad, en la tierra como en el cielo. Danos hoy nuestro pan de cada día; perdona nuestras ofensas, como también nosotros perdonamos a los que nos ofenden; no nos dejes caer en la tentación, y líbranos del mal. Amén.

Dios te salve, María, llena eres de gracia, el Señor es contigo. Bendita tú eres entre todas las mujeres, y bendito es el fruto de tu vientre: Jesús. Santa María, Madre de Dios, ruega por nosotros, pecadores, ahora y en la hora de nuestra muerte. Amén.

11

Gloria al Padre, al Hijo y al Espíritu Santo. Como era en el principio, ahora y siempre, por los siglos de los siglos. Amén.

TERCER DÍA

Con la venia del Arcángel, con San Miguel de mi lado, ya voy nombrando las metas que me propongo cumplir. No dejaré que los celos invadan mis sentimientos, que no son buen consejero y llevan a sufrimientos. Yo evitaré que la envidia enturbie mis emociones y me haga desear afectos o de otros posesiones. En vez, miraré hacia dentro, me miraré en un espejo y hallaré belleza en mi vida y esplendor a mi reflejo. Yo sabré gustarme bien, yo sabré hacerme grandioso, cortarme con buena tela y sentirme orgulloso.

Padre Nuestro, que estás en el cielo, santificado sea tu nombre; venga a nosotros tu reino; hágase tu voluntad, en la tierra como en el cielo. Danos hoy nuestro pan de cada día; perdona nuestras ofensas, como también nosotros perdonamos a los que nos ofenden; no nos dejes caer en la tentación, y líbranos del mal. Amén.

Dios te salve, María, llena eres de gracia, el Señor es contigo. Bendita tú eres entre todas las mujeres, y bendito es el fruto de tu vientre: Jesús. Santa María, Madre de Dios, ruega por nosotros, pecadores, ahora y en la hora de nuestra muerte. Amén.

Gloria al Padre, al Hijo y al Espíritu Santo. Como era en el principio, ahora y siempre, por los siglos de los siglos. Amén.

13

CUARTO DÍA

Con la venia del Arcángel, con San Miguel de mi lado, ya voy nombrando las metas que me propongo cumplir. Rondan el mundo los vicios del alcohol y del tabaco, anfetaminas, pastas y placeres demoniacos. Son todas ellas sustancias muy malas a la salud, van destruyendo las vidas como de males alud. Con San Miguel de mi lado yo no desvío mis pasos, cuido mi cuerpo cual templo y a los vicios hago asco. Que la vida es más intensa si se lleva en sobriedad. La cabeza en su sitio y alegría en cantidad.

Padre Nuestro, que estás en el cielo, santificado sea tu nombre; venga a nosotros tu reino; hágase tu voluntad, en la tierra como en el cielo. Danos hoy nuestro pan de cada día; perdona

14

nuestras ofensas, como también nosotros perdonamos a los que nos ofenden; no nos dejes caer en la tentación, y líbranos del mal. Amén.

Dios te salve, María, llena eres de gracia, el Señor es contigo. Bendita tú eres entre todas las mujeres, y bendito es el fruto de tu vientre: Jesús. Santa María, Madre de Dios, ruega por nosotros, pecadores, ahora y en la hora de nuestra muerte. Amén.

Gloria al Padre, al Hijo y al Espíritu Santo. Como era en el principio, ahora y siempre, por los siglos de los siglos. Amén.

QUINTO DÍA

Con la venia del Arcángel, con San Miguel de mi lado, ya voy nombrando las metas que

15

me propongo cumplir. Es enemigo del hombre la autoestima por el piso, aventarse al abandono o abandonarse al descuido. Es cosa sabia cuidar de los ajenos y propios, como tan sabio es hacer de los placeres acopio. Que es principio de vida dar al cuerpo un buen trato, alimentarse la mente y cuidarse con ornato. Que la vida es celebrarse, quererse, alimentarse, cantar con el espíritu y de bienestar llenarse.

Padre Nuestro, que estás en el cielo, santificado sea tu nombre; venga a nosotros tu reino; hágase tu voluntad, en la tierra como en el cielo. Danos hoy nuestro pan de cada día; perdona nuestras ofensas, como también nosotros perdonamos a los que nos ofenden; no nos dejes caer en la tentación, y líbranos del

16

mal. Amén.

Dios te salve, María, llena eres de gracia, el Señor es contigo. Bendita tú eres entre todas las mujeres, y bendito es el fruto de tu vientre: Jesús. Santa María, Madre de Dios, ruega por nosotros, pecadores, ahora y en la hora de nuestra muerte. Amén.

Gloria al Padre, al Hijo y al Espíritu Santo. Como era en el principio, ahora y siempre, por los siglos de los siglos. Amén.

SEXTO DÍA

Con la venia del Arcángel, con San Miguel de mi lado, ya voy nombrando las metas que me propongo cumplir. La vida se puede perder en un sillón reposando, mientras se pasan los días y se consumen los años. No permitas, Ángel mío, que la flojera me invada, que se agazape en mi cuerpo y que me robe la gana. Aleja de mí el tedio, la inacción y apatía, mejor que tiemblen mis ansias con decisión y energía. Llena mi vida de anhelos, de metas y objetivos, que siempre tenga yo planes y fuerza para cumplirlos.

Padre Nuestro, que estás en el cielo, santificado sea tu nombre; venga a nosotros tu reino; hágase tu voluntad, en la tierra como en el cielo. Danos hoy nuestro

pan de cada día; perdona nuestras ofensas, como también nosotros perdonamos a los que nos ofenden; no nos dejes caer en la tentación, y líbranos del mal. Amén.

Dios te salve, María, llena eres de gracia, el Señor es contigo. Bendita tú eres entre todas las mujeres, y bendito es el fruto de tu vientre: Jesús. Santa María, Madre de Dios, ruega por nosotros, pecadores, ahora y en la hora de nuestra muerte. Amén.

Gloria al Padre, al Hijo y al Espíritu Santo. Como era en el principio, ahora y siempre, por los siglos de los siglos. Amén.

SÉPTIMO DÍA

Con la venia del Arcángel, con San Miguel de mi lado, ya voy nombrando las metas que me propongo cumplir. Puede volverse enfermo de poseer el afán, haciéndose egoístas las personas al guardar. Ese vicio tiene nombre y se llama avaricia, que corrompe corazones y los llena de codicia. Muéstrame, San Miguel, senda de generosidad, que pueda yo ante las cosas a la gente ponderar. Llévame por buen camino de compartir y ofrendar, de ayudar siempre a los otros y ser muy sabio al dar.

Padre Nuestro, que estás en el cielo, santificado sea tu nombre; venga a nosotros tu reino; hágase tu voluntad, en la tierra como en el cielo. Danos hoy nuestro

20

pan de cada día; perdona nuestras ofensas, como también nosotros perdonamos a los que nos ofenden; no nos dejes caer en la tentación, y líbranos del mal. Amén.

Dios te salve, María, llena eres de gracia, el Señor es contigo. Bendita tú eres entre todas las mujeres, y bendito es el fruto de tu vientre: Jesús. Santa María, Madre de Dios, ruega por nosotros, pecadores, ahora y en la hora de nuestra muerte. Amén.

Gloria al Padre, al Hijo y al Espíritu Santo. Como era en el principio, ahora y siempre, por los siglos de los siglos. Amén.

OCTAVO DÍA

Con la venia del Arcángel, con San Miguel de mi lado, ya voy nombrando las metas que me propongo cumplir. Tiene la mente postura de nombre severidad, que exagera principios y forja agresividad. Luego forma rigidez que la vista endurece, nubla los corazones y lo avieso recrudece. Tan malo es quedarse corto como de largo pasar, tener los principios flojos o la ley exagerar. Da a mi alma, Ángel mío, comprensión, amor y paz, que pueda yo ser amigo del perdón y la bondad.

Padre Nuestro, que estás en el cielo, santificado sea tu nombre; venga a nosotros tu reino; hágase tu voluntad, en la tierra como en el cielo. Danos hoy nuestro pan de cada día; perdona

22

nuestras ofensas, como también nosotros perdonamos a los que nos ofenden; no nos dejes caer en la tentación, y líbranos del mal. Amén.

Dios te salve, María, llena eres de gracia, el Señor es contigo. Bendita tú eres entre todas las mujeres, y bendito es el fruto de tu vientre: Jesús. Santa María, Madre de Dios, ruega por nosotros, pecadores, ahora y en la hora de nuestra muerte. Amén.

Gloria al Padre, al Hijo y al Espíritu Santo. Como era en el principio, ahora y siempre, por los siglos de los siglos. Amén.

NOVENO DÍA

Hay en mi pecho alegría, valor y mucha confianza. Tienen mis pasos sentido, horizonte y templanza. Tiene mi alma energía, salud tiene mi cuerpo, hay en mi vida armonía, en mis planes hay aliento. Tienen mis metas imagen y mi pasión diligencia. Hay en mis juicios amor y en mis ansias paciencia. Que no camino yo solo, voy con San Miguel Arcángel, me hermano a lo más alto con el alma en su raigambre. Es porque yo ando en la ruta de los grandes y valientes, que de la vida hacen fruta y de lo excelso corriente.

Padre Nuestro, que estás en el cielo, santificado sea tu nombre; venga a nosotros tu reino; hágase tu voluntad, en la tierra como en el cielo. Danos hoy nuestro

pan de cada día; perdona nuestras ofensas, como también nosotros perdonamos a los que nos ofenden; no nos dejes caer en la tentación, y líbranos del mal. Amén.

Dios te salve, María, llena eres de gracia, el Señor es contigo. Bendita tú eres entre todas las mujeres, y bendito es el fruto de tu vientre: Jesús. Santa María, Madre de Dios, ruega por nosotros, pecadores, ahora y en la hora de nuestra muerte. Amén.

Gloria al Padre, al Hijo y al Espíritu Santo. Como era en el principio, ahora y siempre, por los siglos de los siglos. Amén.

ORACIÓN FINAL

San Miguel Arcángel levantaste con fuerza tu Sagrada espada para vencer al dragón. Por eso yo te adoro con todo mi corazón. Con respeto te vengo a ofrendar esta novena, para pedirte que libres mi alma de cualquier pena. Bendito Ángel misericordioso dame tu protección. Con tu gran poder guerrero aléjame del mal y sálvame de la tentación. Permite que de amor y tranquilidad mi casa esté llena. Rompe con tu sable el mal en cadena. Reverenciado Arcángel Miguel permíteme besar tu manto de salvación.

Padre Nuestro, que estás en el cielo, santificado sea tu nombre; venga a nosotros tu reino; hágase tu voluntad, en la tierra como en el cielo. Danos hoy nuestro

pan de cada día; perdona nuestras ofensas, como también nosotros perdonamos a los que nos ofenden; no nos dejes caer en la tentación, y líbranos del mal. Amén.

Dios te salve, María, llena eres de gracia, el Señor es contigo. Bendita tú eres entre todas las mujeres, y bendito es el fruto de tu vientre: Jesús. Santa María, Madre de Dios, ruega por nosotros, pecadores, ahora y en la hora de nuestra muerte. Amén.

Gloria al Padre, al Hijo y al Espíritu Santo. Como era en el principio, ahora y siempre, por los siglos de los siglos. Amén.

Papá Dios: que tu sabiduría nos guíe; que tu luz ilumine nuestro camino; que tu amor nos de paz; que tu poder nos proteja, y que por donde quiera que caminemos, tu presencia nos acompañe. Gracias Papá Dios que ya nos oíste. Amén.